ANALISI DEL LIBRO

Poemi Saturnini
• • • • • • • • • • • • • • • •

Paul Verlaine

ANALISI DEL LIBRO

Scritto da Sophie Chetrit
Tradotto da Sara Rossi

Poemi Saturnini

- -

PAUL VERLAINE

PAUL VERLAINE

POETA FRANCESE

- **Nato nel 1844 a Metz**
- **Morto nel 1896 a Parigi**
- **Alcune delle sue opere:**
  - *Fêtes galantes* (1869), raccolta di poesie
  - *Romances sans paroles* (1874), raccolta di poesie
  - *Les poètes maudits* (1884), saggio

Nato nel 1844, Paul Verlaine è stato un poeta della seconda metà del XIX secolo. Nato a Metz nel 1844 da una famiglia borghese, si recò a Parigi per studiare legge. Lì ha studiato e in seguito ha lavorato in una compagnia di assicurazioni e come spedizioniere presso il Comune di Parigi. Nel 1866 pubblica i *Poèmes Saturniens*. Tre anni dopo viene pubblicata la sua seconda raccolta *Fêtes galantes*, che evoca il XVIII secolo di Watteau. Nel 1870 sposò Mathilde Mauté, una giovane ragazza dell'alta borghesia parigina.

Dopo l'assedio di Parigi e la rivolta del Comune di Parigi nel 1871, Verlaine, che aveva conosciuto Arthur Rimbaud, lasciò la moglie per seguirlo in Inghilterra e poi in Belgio. Durante i suoi viaggi, scrisse una nuova raccolta, *Romances sans paroles*. I due poeti ebbero una relazione appassionata fino alla famosa sera del luglio 1873, quando Verlaine sparò al suo amante e fu condannato a due anni di prigione, che scontò a

Bruxelles e a Mons. Si convertì quindi al cattolicesimo e, una volta uscito di prigione nel 1875, tornò per un po' in Inghilterra dove divenne insegnante, per poi tornare nelle Ardenne, a Rethel, dove strinse amicizia con uno dei suoi allievi, Lucien Létinois, che morì nel 1883.

L'anno successivo Verlaine pubblicò *Les poètes maudits*, un libro in cui venivano premiati tre poeti: Tristan Corbière, Arthur Rimbaud e Stéphane Mallarmé. La sua fama cresce e viene proclamato "Principe dei poeti", anche se si logora e conduce una vita dissoluta fino alla morte per congestione polmonare nel 1896.

POEMI SATURNINI

LA PRIMA RACCOLTA DI POESIE DI VERLAINE

- **Genere:** poesia
- **Edizione di riferimento:** VERLAINE P., *Poèmes Saturniens*, Gallimard, coll. «Folio», 2010, 96 p.
- **Temi:** tempo, amore, malinconia, musica, poesia

Paul Verlaine pubblicò i *Poèmes Saturniens* all'età di ventidue anni, anche se si dice che abbia iniziato a scriverli quando era ancora al liceo, a sedici anni. In un primo momento aveva pensato di chiamare questa raccolta *Poèmes et Sonnets*, prima di decidere il nome che conosciamo oggi, in riferimento al dio romano e al pianeta oscuro e malinconico. Curati in proprio e pubblicati nel 1866 da Alphonse Lemerre, i *Poèmes Saturniens* sono la prima raccolta di poesie in versi di Paul Verlaine. Tuttavia, quest'opera ebbe un'accoglienza limitata, non essendo considerata all'epoca un grande evento letterario.

In questo periodo Verlaine frequenta i circoli letterari parigini e contribuisce al primo Parnasse Contemporain (1866), una raccolta collettiva di poesie che costituisce il manifesto e l'illustrazione del movimento Parnasse. Si tratta di un movimento che si contrappone alle correnti romantiche, che promuovono un'arte poetica moderna basata sulla perfezione formale e sul lirismo impersonale. I suoi maestri,

Leconte de Lisle, Baudelaire e Théodore de Banville, ebbero una forte influenza sulla poesia di Verlaine.

Poco si sa della genesi di questa raccolta, ma i *Poemi Saturnini*, come Les *Fleurs du mal* (1857) prima di loro, si basano su un'architettura esplicita. Iniziano con una poesia introduttiva che spiega il titolo e un prologo. Seguono venticinque poesie in quattro sezioni: "Melancholia", «Eaux fortes», «Paysages tristes» e «Caprices», più una dozzina di poesie libere seguite da un Epilogo che chiude la raccolta. Come i grandi poeti antichi, Verlaine pone la sua raccolta sotto la protezione di un dio e gli dedica la prima poesia. La prima poesia è dedicata a Saturno, un dio che si riferisce alla natura ineluttabile del tempo che passa.

SINTESI

LA POESIA DI APERTURA

L'opera si apre con una poesia introduttiva in cui Verlaine rivendica la particolarità del suo progetto poetico e spiega il titolo della sua raccolta. Egli contrappone i "Saggi di un tempo", i poeti tradizionali, a "coloro che sono nati sotto il segno di Saturno" (v. 8), che in seguito chiamerà i poeti maledetti. Questi poeti sono afflitti dalla malinconia, che si presenta sia come sofferenza che come ispirazione.

IL PROLOGO

A questa poesia introduttiva segue un prologo, in cui Verlaine riprende un motivo già presente nei Romantici: quello del poeta che coesiste tra gli uomini, ma è posto ai margini. Spiega il posto che considera suo all'interno della società.

MALINCONIA

Dedicata al violinista e poeta Ernest Boutier, questa parte è certamente ispirata all'incisione *Melancholia* di Albrecht Dürer (disegnatore, pittore e incisore tedesco, 1471-1528). Si tratta di otto sonetti scritti in alessandrino: "Dimissioni", "Mai più", "Dopo tre anni", "Voto", "Lassitudine", "Il mio sogno familiare", "A una donna" e "Angoscia".

Qui troviamo ricordi di amori perduti o idealizzati, in cui il rimpianto e l'angoscia sono centrali. Questa sezione fu probabilmente scritta quando Verlaine si innamorò della sorella adottiva, che rifiutò il suo amore.

- "Resignation" evoca il rifiuto della follia della giovinezza.

- "Nevermore" si riferisce a un passato idealizzato e alla nostalgia che evoca nonostante la castità dell'amore descritto.

- In "Après trois ans", Verlaine racconta il suo ritorno al luogo dei suoi incontri amorosi, utilizzando la natura per rappresentare i suoi sentimenti: "Le rose come prima, palpitano, come prima" (v. 9).

- In "Voto", sente la mancanza dei suoi primi amori, amori immaginari e idealizzati.

- La quinta poesia, "Lassitudine", affronta la questione del desiderio di un amore tranquillo e del logorio di questo stesso desiderio.

- "Il mio sogno familiare" è certamente una delle poesie più famose della raccolta. Rivela il sogno di Verlaine di una donna ideale, così come le molte sensazioni che prova a contatto con lei.

- In «À une femme», scrive a questa donna ideale, esagerando la sua sofferenza e facendo appello alla sua compassione. Questa sezione si conclude con "Angoscia", una poesia in cui Verlaine rifiuta la natura, l'arte e la religione, temi che solitamente ispirano i poeti.

- Mentre "Dimissioni" è un sonetto invertito, composto da due terzine seguite da due quartine, e "Lassitudine" è un sonetto irregolare in cui le rime sono baciate e poi incrociate nelle terzine (CCDEED), le altre poesie sono sonetti francesi che seguono uno schema classico, con molte rime ricche.

ACQUEFORTI

Dedicata al poeta, drammaturgo e romanziere francese dell'Ottocento François Coppée (1842-1908), la sezione « Eaux-fortes » ha un titolo che fa certamente riferimento al processo di incisione con lastra morsicata con acido. Comprende cinque poesie: « Croquis parisien », « Cauchemar », « Marine », « Effet de nuit » e « Grotesques ».

In questa parte, Verlaine descrive una città tra desolazione e modernità, a cui sovrappone paesaggi onirici.

- "Schizzo parigino" offre una descrizione desolante di Parigi.

- "Nightmare" ci porta in un mondo fantastico dove un cavaliere viene travolto da un movimento violento.

- In « Marine », il poeta prende in prestito un tema dai romantici descrivendo un oceano in tempesta, per trasporre la sua vertigine esistenziale.

- « Effet de nuit » ci presenta poi un'inquietante scena notturna, a cui Verlaine dà un aspetto pittorico.

- « Grotesques » è una caricatura di personaggi marginali: descrive i vagabondi e il rifiuto che subiscono.

Le poesie qui presentate sono molto varie. Dal punto di vista metrico, vanno dal quadrisillabo all'alessandrino. Dal punto di vista formale, sono composte da una a dieci strofe, a loro volta composte da quartine e quintine, o addirittura da quattordici versi nel caso di «Effet de nuit». Allo stesso modo, le rime possono essere incrociate (in «Croquis parisien» e «Grotesques»), seguite (in «Cauchemar» e «Effet de nuit») o abbracciate (in «Marine»), con versi sia pari che dispari.

 ## BUONO A SAPERSI

La forma delle strofe

Una quartina: è una strofa di quattro versi.

Una quintina: è una strofa di cinque versi.

Una sizain: è una strofa di sei versi.

Rime

Rime abbracciate: sono rime incorniciate da altre rime. Prendono la forma degli ABBA.

Rime continue (o piane): sono rime che seguono lo schema AABB.

Rime incrociate (o rime alternate): sono costruite con un'alternanza di due a due. Seguono lo schema ABAB.

Rime femminili: si parla di rima femminile quando l'ultimo fonema contiene una "caduca e" (ad esempio, "O dolce suono della pioggia", Verlaine).

Rime maschili: una rima maschile si ha quando si trovano suoni identici alla fine di due o più versi che terminano con una sillaba intera.

Rime ricche: sono rime con tre omofonie tra vocali e consonanti toniche.

Rime povere: sono caratterizzate dalla rima di un solo fonema, la vocale tonica finale delle parole.

Rime sufficienti: corrispondono alla ripetizione di due suoni identici (per esempio: cavallo/leale).

I versi

Verso pari: ha un numero pari di sillabe.

Verso dispari: ha un numero dispari di sillabe.

PAESAGGI TRISTI

Il termine "Paesaggi tristi" si riferisce a uno stile pittorico presente soprattutto nelle opere di Jean-Baptiste Corot (pittore e incisore francese). Questa sezione è dedicata a Catulle Mendes, fondatrice del Parnassus contemporaneo. Si tratta di sette poesie: "Tramonti", "Crepuscolo mistico della sera", "Passeggiata sentimentale", "Notte di Valpurga classica", "Canto d'autunno", "L'ora del pastore" e "L'usignolo".

Verlaine sviluppa il proprio lirismo descrivendo paesaggi autunnali, che ricordano la tristezza di un'anima oscura e tormentata. Nelle prime due poesie, il poeta descrive lo spettacolo del sole al tramonto che invita alla fantasticheria, alla malinconia e all'angoscia. Poi, la «Promenade sentimentale» è una funerea passeggiata attraverso un paesaggio acquatico, in cui Verlaine lamenta l'assenza della persona amata. «La nuit du Walpurgis classique» preannuncia le fêtes galantes; «Chanson d'automne» permette al poeta di evocare i suoi impulsi amorosi e di condividere le sue emozioni attraverso la descrizione del paesaggio. «L'heure du berger» (L'ora del pastore) evoca ancora una volta il sopraggiungere della notte, mentre «le Rossignol» (L'usignolo), simbolo del canto d'amore, gli permette di evocare un amore destinato a scomparire e la sofferenza che ne deriva. Troviamo quindi un'unità di tono e di impostazione.

Tuttavia, questa sezione rimane varia in termini di metro e rima. Allo stesso modo, le forme poetiche sono diverse: quattro poesie ("Tramonti", "Crepuscolo mistico della sera", "Passeggiata sentimentale", "L'usignolo") sono costituite da un'unica strofa, un "blocco" tra i tredici e i venti versi, mentre "La classica notte di Valpurga" ha un'architettura di undici quartine, "Canto d'autunno" di quattro quartine e "L'ora della banca" di tre quartine.

CAPRICCI

I "Capricci" si riferiscono alle incisioni del XVIII secolo, in particolare a quelle del pittore e incisore spagnolo Francisco Goya. Questa sezione è dedicata al poeta Henry Winter, che ha collaborato alla prima raccolta del Parnassus contemporaneo. Si tratta di cinque poesie: «Femme et chatte», «Jésuitisme», «La chanson des ingénues», «Une grande dame» e «Monsieur Prudhomme».

Il rapporto d'amore e le donne sono al centro dell'attenzione. C'è una "fica" («Femme et chatte»), un'"ingenua" («La chanson des ingénues»), una "signora", "regina" e "cortigiana" («Une grande dame», v. 8), un'"amante" («Sérénade», v. 3), ecc. «Femme et chatte», «Jésuitisme» e «La chanson des ingénues» riprendono il tema baudelairiano della doppiezza delle donne; Verlaine denuncia la perversione e la crudeltà femminile e il dolore che esse provocano. In «Une grande dame», egli evoca una donna fredda e inaccessibile, che ammira quanto disprezza. Si comprende così l'ambiguità del rapporto di Verlaine con le donne, complesso e variegato. La sezione si conclude con «Monsieur Prudhomme», una poesia satirica in cui Verlaine ritrae un borghese profondamente materialista, che contrappone ai poeti, che si occupano di arti e lettere, ma che sono condannati a vivere ai margini della società.

Queste poesie trovano la loro unità nell'aspetto satirico, anche se le forme poetiche proposte sono divergenti. Donna e fica" è un sonetto irregolare di ottosillabi; "Gesuitismo" un poema in sedici versi; "La canzone degli Ingegni" un poema in otto quartine; "Una grande signora" e "Monsieur Prudhomme" sonetti regolari.

ALTRE POESIE

Scritte principalmente in alessandrino, le dodici poesie che seguono riprendono i temi principali della raccolta: la malinconia, il tempo e l'amore ferito. Si tratta di "Initium", "Cavitri", "Sub Urbe", "Serenade", "Un dahlia", "Nevermore", "Il Bacio", «Dans les bois», «Nocturne parisien», "Marco", "César Borgia", «La mort de Philippe II».

EPILOGO

Una sezione finale offre tre poesie; questo è l'Epilogo. Si tratta di arte poetica, ispirazione, emozione e lavoro. Verlaine ritorna alle questioni formali e all'estetica parnassiana.

ILLUMINAZIONE

A metà del XIX secolo, quando Verlaine inizia a scrivere, due movimenti si dividono lo spazio dell'espressione poetica: il Parnaso e il Romanticismo. Come Baudelaire prima di lui, Verlaine propose una propria sintesi di queste influenze.

SULL'INFLUENZA DEI PARNASSIANI...

Quando Verlaine scrisse i *Poèmes Saturniens*, frequentò gli autori parnassiani, poeti prolissi che si opponevano alle effusioni romantiche e proponevano un'arte poetica moderna. Apprezzavano "l'arte per l'arte" (Théophile Gautier), il cui unico scopo era la bellezza. Perciò rifiuta tutto il lirismo soggettivo e sentimentale del Romanticismo e ogni impegno sociale o politico.

Considerato il leader del movimento parnassiano, Leconte de Lisle fu il maestro dei giovani poeti di questa scuola. Scrisse i *Poèmes Antiques* (1852), i *Poèmes Barbares* (1862) e i *Poèmes Tragiques* (1884), opere che gli permisero di entrare nell'Académie française nel 1887. Ha enunciato i seguenti principi poetici:

- La poesia deve essere impersonale e contenuta.

- La poesia deve concentrarsi sul lavoro della forma.

- La poesia deve puntare alla bellezza, di cui l'antichità fornisce i canoni assoluti.

In questo modo vuole abbandonare il tema personale e tornare alle fonti pure dell'antichità, un tempo in cui il poeta era un lavoratore che forgiava parole. Poeta pessimista, vede nella poesia un rifugio dal disincanto del mondo.

Allo stesso tempo, è notevole anche l'influenza di Theodore de Bandeville. Poeta, drammaturgo e critico letterario francese, è famoso per le sue *Odes funambulesques* e *Les Exilés* (1867). Amico di Victor Hugo e Théophile Gautier, fu anche uno dei precursori di Parnasse, professando un amore esclusivo per la bellezza e la chiarezza universale dell'atto poetico. Era sia il nemico della nuova poesia realista sia il nemico delle derive romantiche.

Nelle sue *Confessioni*, Verlaine afferma di aver scritto i *Poèmes Saturniens* all'età di sedici anni, mentre era ancora al liceo, in un periodo in cui era sotto l'influenza di Leconte de Lisle e dei suoi seguaci. La poesia di Verlaine è quindi elaborata e cerca di raggiungere la perfezione e il rigore nella forma e nell'espressione del pensiero e del sentimento. Evita l'effusività, cesella i suoi versi e segue così i precetti parnassiani. Utilizza questi precetti anche come fonte di ispirazione per i suoi scritti. La poesia "Dimissioni", ad esempio, è ispirata al gusto caratteristico di Banville per l'Oriente, ma anche alle rare rime caratteristiche del movimento.

... A QUELLA DEI ROMANTICI

Nato in Germania alla fine del XVIII secolo, il Romanticismo apparve in Francia all'inizio del XIX secolo. Fu il secondo movimento culturale ad emergere quando Verlaine pubblicò le sue poesie. Si tratta di un movimento culturale e letterario che ha toccato tutte le arti, opponendosi alla tradizione classica e al razionalismo dell'Illuminismo. Favorisce l'espressione personale e offre all'artista la possibilità di esplorare tutte le possibilità dell'arte per esprimere i propri sentimenti.

I grandi temi del Romanticismo sono la malinconia e la sofferenza, la natura, il sogno, la storia e l'impegno politico. Questi grandi temi romantici si ritrovano in Verlaine. Innanzitutto, la malinconia è presente nella raccolta, come indica il titolo della prima sezione "Melancholia". È presente anche il tema dell'amore. "Il mio sogno familiare", un sonetto scritto in alessandrini e composto da due quartine e due terzine con rime baciate, ad esempio, tratta dell'amore impossibile per una donna e allo stesso tempo cerca una forma di musicalità. Il poeta oscilla tra la felicità di questo amore e la sofferenza che provoca, poiché non può essere raggiunto. La poesia ha quindi un'essenza romantica.

Inoltre, va notato che Verlaine si ispira esplicitamente ai grandi autori romantici, come François-René de Chateaubriand, Gérard de Nerval e Alfred Musset. In «Mon rêve familier», ad esempio, si ispira alla figura della Sylphide, che Chateaubriand utilizza nei suoi *Mémoires d'outre-tombe* e in *René*. In «Monsieur Prudhomme», l'intertestualità è di nuovo visibile, in particolare attraverso l'immagine della "charmille", un'immagine utilizzata sia nei proverbi di Musset che negli scritti di Nerval quando parla di amore.

Tuttavia, sono i testi di Victor Hugo la principale fonte di ispirazione. Nella «Ballade des ingénues», ad esempio, c'è un riferimento al personaggio di Caussade, che egli ritrae nell'opera *Marion Delorme*. Famoso libertino, va a caccia di donne ingenue e le desidera. Oltre a questi riferimenti, le opere di Victor Hugo sono anche la fonte di intere poesie, come «La mort de Philippe II» ispirata alla raccolta di poesie *La légende des siècles* (1859). Verlaine appare come un poeta impegnato, anche se solo in rare occasioni viene percepito come tale. Qui immagina Filippo II, figlio di Carlo V, sul letto di morte, pentito di aver incoraggiato l'Inquisizione per assicurarsi l'appoggio del Papa e instaurare il suo dominio.

L'INFLUENZA DI CHARLES BAUDELAIRE

Baudelaire era romantico per il suo temperamento e per la sua ammirazione per Victor Hugo, al quale dedicò i «Tableaux parisiens». È un parnassiano per i principi a cui si attiene: lavoro, maestria, rigore. Era consapevole sia delle debolezze del Romanticismo sia dei limiti dell'intransigenza estetica parnassiana. È proponendo una terza via che inventa una modernità poetica al riparo dagli eccessi di entrambi i movimenti. *I Fleurs du mal* (1857) sono l'illustrazione di questa modernità; sintetizzano i due movimenti esplorando nuove possibilità di creazione ed espressione.

Baudelaire crede nell'immaginazione come facoltà di creazione ragionata; sostiene che l'immaginazione è lavorata e costruita, il che lo rende un precursore del simbolismo. Dal punto di vista formale, egli rimase classico: l'uso del sonetto e dell'alessandrino rimase la maggioranza in quest'opera, che suscitò scandalo. Ha scelto di scrivere poesie in cui il poeta è vittima dello spleen, uno stato di depressione fisica, morale e intellettuale. È questo spleen che gli permette di esplorare nuovi spazi e di mettere in discussione la sua scrittura.

Le Fleurs du mal esercitarono una grande influenza sui poeti della seconda metà del XIX secolo, tra cui Verlaine. Nei *Poèmes Saturniens* si appropria dello stile satirico di Baudelaire e del suo gusto per la provocazione, adottando uno stile vicino al suo. Questa influenza è marcata in poesie come «Femme et chatte», dove l'apostrofe esclamativa «scélérate» (v. 5) ricorda la provocazione di Baudelaire. Allo stesso modo, in «Monsieur Prudhomme», Verlaine utilizza il registro comico per satireggiare una borghesia materialista: "È un sindaco e un padre di famiglia" (v. 1).

Inoltre, il tema urbano proprio di Baudelaire è evidente in «Nocturne parisien». Verlaine riprende anche il tema dello spleen, in particolare nella poesia "Angoscia", dove la negazione è molto presente. Tuttavia, la sua scrittura è molto personale, intima e tinta di solitudine. I ricordi evocati sono vaghi, il che conferisce loro una dimensione universale.

CHIAVI DI LETTURA

LA FORMA POETICA: INVERSIONE DEL SONETTO CLASSICO E VERSI DISPARI

Molti sonetti sono presenti nell'opera di Verlaine. Dei trentanove *Poèmes Saturniens*, undici sono sonetti. Sono otto nella sezione "Melancholia" e tre nella sezione "Caprice". Questi sonetti sono incorniciati da una sequenza di poesie o sezioni senza sonetti. C'è quindi un'alternanza strofica.

Il sonetto è una forma poetica resa popolare nel XVI secolo dai poeti della Pléiade. È tornato di moda nel XIX secolo grazie a Théophile Gautier, ai Parnassiani e a Charles Baudelaire. Scritta prima in decasillabi e poi in alessandrini, la sua organizzazione strofica è fissa: comprende quattordici versi, due quartine seguite da due terzine. Il significato deve essere completo dopo ogni quartina e ogni terzina. Allo stesso modo, lo schema delle rime è soggetto a determinati vincoli. Fino al XVI secolo, la prassi prevalente era che le rime fossero abbracciate nelle quartine e identiche nelle due strofe (ABBA/ABBA). Per le terzine, il sonetto italiano propone il seguente schema: CCD EED.

Nel suo *Petit traité sur le Sonnet*, Théodore de Banville descrive la forma del sonetto francese. Egli afferma che il primo e il quarto verso delle quartine devono fare rima tra loro, così come il secondo e il terzo verso delle quartine. Afferma inoltre che il primo e il secondo verso della prima terzina fanno rima, mentre il terzo verso della prima terzina fa rima con il secondo verso della seconda terzina. Abbiamo quindi un modello in ABBA ABBA CCD EDE. Oltre alla questione delle strofe e delle rime, il sonetto deve rispettare alcune modalità costruttive.

Il sonetto è diviso in due blocchi che possono mostrare un confronto, un'opposizione, una progressione o due temi distinti collegati tra loro. Culminano in una battuta, l'ultima delle quali è una conclusione breve e brillantemente formulata. Il sonetto deve anche, secondo Boileau, rifiutare la minima deviazione dal tema, i versi deboli, le espressioni superflue e le ripetizioni. I versi devono essere precisi e accurati, con rime ricche che si alternano tra maschile e femminile.

In contrasto con questi sonetti di bellezza finita, Verlaine si oppone al desiderio di modernità poetica e propone sonetti irregolari. Alcuni sonetti di Verlaine non seguono gli schemi di strofa, metro e distribuzione delle rime, segnando così un graduale abbandono delle regole imposte.

- Ci sono sonetti invertiti, come la poesia "Dimissioni", che inverte le terzine e le quartine. Questa inversione gli permette di opporre l'infanzia e la fantasticheria, attraverso l'evocazione di un Oriente sognato e fantasticato, al tempo presente, dove il poeta deve mostrare maggiore moderazione.

- Invece di usare i versi pari, come i decasillabi o gli alessandrini, Verlaine usa anche i versi dispari. Ciò avviene in particolare in «Cauchemar», dove utilizza eptasillabi, e in «Marine» e «Soleils couchants», dove utilizza pentasillabi. Si tratta di una chiara rottura con la prosodia classica e con il regno dell'alessandrino. Il verso dispari è meno regolare, rompendo l'automatismo della lettura e permettendo così al lettore di avere una cadenza più personale.

- Verlaine si libera dalla regola dell'alternanza di rime maschili e femminili. Utilizza l'assonanza come musicalità discreta e aggiunge rime interne, dando così al suono un posto centrale.

- Sebbene Verlaine abbia un senso di perfezione formale e proponga una forma poetica lineare e simbolica, essa è comunque vicina alla prosa, con testi fatti per essere recitati in pubblico in modo espressivo. Il verso assorbe a volte i giri del linguaggio orale e rivela così un canto interiore. Questo è il caso in particolare della poesia "Tramonti".

I TEMI PRINCIPALI DELLA COLLEZIONE

I tre temi principali della raccolta sono la malinconia, il tempo e l'amore, un amore idealizzato e allo stesso tempo perduto.

LA MALINCONIA IN VERLAINE

La malinconia è il tema centrale. È un elemento che attraversa l'intera collezione. Per Verlaine è molto più di un sentimento. Nella sezione "Melancholia", Verlaine sembra riprendere il tema dello spleen di Baudelaire, soprattutto nella poesia «L'Angoisse», dove la negazione è molto presente, come se il poeta fosse trascinato nel nulla. Tuttavia, egli offre una scrittura molto personale e intima della milza. I ricordi evocati sono vaghi, il che conferisce loro una dimensione universale. Più che un sentimento, la malinconia è anche uno spazio e una temporalità.

È ancorata a paesaggi che accentuano questa sensazione, in particolare nelle poesie "Tramonti" o "Passeggiata sentimentale". Si riferisce alla stagione autunnale attraverso la poesia «Chanson d'automne» e «Crépuscule du soir mystique». Verlaine si dimostra estremamente sensibile a una natura che riecheggia i suoi sentimenti personali. Scrive quindi poesie liriche, in cui la musicalità gioca un ruolo importante. La musica, presente in tutta l'opera, accompagna la malinconia, dà ritmo alla lentezza e al languore. Si basa in particolare sul violino, lo strumento del dolore per eccellenza. Così, nella «Chanson d'automne»:

> *"Violini*
>
> *Dall'autunno*
>
> *Ferire il mio cuore*
>
> *Di un languore*
>
> *Monotono". (v.2-6)*

Analogamente nell'"Initium": "I violini mescolavano le loro risate al canto dei flauti" (v. 1).

SATURNO E LA FIGURA DEL TEMPO

Anche il tema del tempo è presente, in particolare attraverso la figura di Saturno. Saturno è una delle divinità più antiche del Lazio e dell'Italia centrale. Divinità agricola per eccellenza, aveva il compito di proteggere i semi affidati alla terra. Il mese di dicembre, quando inizia il lavoro di germinazione, preludio del raccolto, era dedicato a Saturno. La leggenda che si è sviluppata intorno a lui fonde tradizioni latine e greche, assimilandolo alla figura di Crono, dio degli Elleni e divinità primordiale del tempo. Si prevedeva che Saturno sarebbe stato detronizzato dai suoi figli. Per sfuggire al suo destino, decide di divorarli.

La moglie Rea, inorridita dalla sua crudeltà, nasconde l'ultimo nato, Giove, che lo scaccia dall'Olimpo. Saturno lascia quindi la Grecia per l'Italia e si stabilisce sulla riva destra del Tevere, dove sorgerà Roma. Fu accolto da Giano, re del paese, al quale insegnò l'agricoltura. In cambio, Giano gli donò la collina sulla riva destra del Tevere: il Campidoglio. Spesso rappresentato con una falce o un falcetto, Saturno scompare improvvisamente. In suo onore, Giano eresse un altare e celebrò la festa dei Saturnalia.

Questo dio, che presiede al periodo che precede il solstizio d'inverno, dà il nome al pianeta del sistema solare, noto per il suo colore giallo e i suoi anelli stellati. Fin dall'antichità è stata famosa per la sua influenza negativa sulla vita umana. Predestina i nati sotto il suo segno alla sfortuna, ponendoli sotto il segno del tempo e della fatalità a cui si riferisce il mito di Saturno. Verlaine riprende così una tradizione antica, che gli permette di associare malinconia e creazione artistica.

Nella raccolta troviamo temi che ricordano questo mito, come il tradimento delle donne, l'impossibilità di sfuggire al proprio destino, l'importanza della natura e di ciò che offre agli uomini. Anche la questione del tempo è molto presente. Il "Prologo" ha già una struttura in tre parti: "In quei tempi favolosi" (v. 1), "Più tardi" (v. 37) e "Oggi" (v. 51), come se Verlaine stesse intraprendendo un viaggio nel tempo. Anche la poesia "Nevermore", che segue le quattro parti, fa riferimento all'inevitabilità del tempo che passa. Contiene il campo lessicale della vecchiaia: "vecchio" (v. 1, v. 5), "rughe" (v. 9), "ingiallito" (v. 10). Verlaine mostra come il tempo segni sia il mondo che il corpo. La sua forza è tale che non si può né rallentare né impedire che conduca lentamente verso una distruzione annunciata.

IL TERZO TEMA PRINCIPALE DELLA RACCOLTA: L'AMORE

L'amore si riferisce ad un amore ideale, ma impossibile o infelice. Spesso è idealizzato e disincarnato, come in « Mon rêve familier », dove si parla di una "donna sconosciuta" (v. 2), o in « À une femme », dove Verlaine parla di nuovo di una donna sognata e immaginata. Quando non viene immaginato, l'amore è relegato in un passato lontano, come in « Vœu » o "Nevermore". Altrimenti, può essere abbinato alla solitudine e all'assenza, come in « Promenade sentimentale », dove il poeta è solo e triste, rielaborando il suo dolore.

L'amore di cui si parla in questa raccolta è quello per le donne sensuali e pericolose, inaccessibili e subdole come quelle presenti in « Femme et chatte » o « La chanson des ingénues ». Agli occhi di Verlaine, le donne sono in gran parte responsabili del fallimento dell'amore e del tradimento che ne consegue. Fa dell'amore per la donna un male ininterrotto. Egli generalizza il sentimento e l'esperienza dell'amore che inebria tutti. Si sente in colpa per aver deplorato gli amori futili e per aver cercato costantemente di reinventare gli altri. In questo modo, Verlaine si avvicina a una concezione baudelairiana dell'amore. Egli trasfigura le relazioni amorose in una costante tensione tra piacere e tristezza, ma anche tra realtà e immaginazione.

Questo concetto di amore è ovviamente legato alla biografia dell'autore e ai suoi partner amorosi. A quel tempo, l'amore della sua vita era la cugina Elisa, che la madre aveva adottato. Rifiutando il suo amore, sposò uno zuccherino prima di morire di parto. Verlaine si innamorò poi di Mathilde Mauté, più giovane di lui di dieci anni. Ha avuto un figlio da lei, ha perso interesse per lei e ha avuto molte avventure, fino all'incontro appassionato con Arthur Rimbaud.

VERLAINE: POETA SIMBOLISTA

Contribuendo al rinnovamento dell'espressione poetica, Verlaine propone un'opera che sublima la percezione dell'universo. Come Baudelaire, che ha aperto la strada al simbolismo con *Les Fleurs du Mal*, Verlaine trascrive visioni e paesaggi interiori che rappresentano idee a cui sono legati per analogia. Ha lavorato sull'arte della suggestione, evocando le cose senza nominarle semplicemente attraverso le sensazioni che suscitavano in lui.

I grandi temi dei *Poèmes Saturniens* ci rimandano direttamente ai grandi principi del simbolismo. Investito di una missione sacra, Verlaine sembra voler mostrare le corrispondenze tra il mondo sensibile e quello spirituale, invisibile e ideale. Evoca i suoi stati d'animo attraverso paesaggi ideali con realtà nascoste. Si sforza di descrivere la fuga del tempo e la vertigine del momento. Rifiuta quindi sia il razionalismo che il materialismo, cercando di riscoprire i misteri del mondo. Descrive i suoi sogni e dà pieno spazio all'ambivalenza e alle sfumature, privilegiando la transitorietà rispetto alla permanenza. Utilizza un linguaggio simbolico e musicale, traducendo la fragilità delle sensazioni. È favorevole alla liberalizzazione dei versi.

I *Poèmes Saturniens* preannunciano così, in qualche misura, l'emergere del movimento simbolista, un movimento i cui codici saranno utilizzati nelle opere successive come *Art poétique* (1874), la raccolta *Jadis et Naguère* (1884) e *Les poètes maudits* (1888). Tuttavia, sebbene Verlaine sia talvolta considerato il leader dei simbolisti, non ha mai affermato di esserlo, preferendo mantenere il mito del poeta maledetto che soffre e muore a causa del fallimento fisico e sociale.

ULTERIORI RIFLESSIONI

ALCUNE DOMANDE PER UN'ULTERIORE RIFLESSIONE...

- Alla luce del prologo, qual è il posto del poeta secondo Verlaine?

- In che modo possiamo dire che i *Poèmes Saturniens* sono influenzati dal parnassianesimo?

- L'avvelenamento da piombo è solo malinconia?

- Confrontate lo spleen di Baudelaire con la malinconia di Verlaine.

- Quale impressione suscita l'inversione di quartine e terzine nella poesia "Dimissioni"?

- In che modo l'uso dei versi dispari conferisce musicalità?

- Analizzare l'importanza degli effetti sonori: come contribuiscono al significato delle poesie?

- Qual è il legame di Verlaine tra letteratura e arti?

PER ANDARE OLTRE

EDIZIONE DI RIFERIMENTO

VERLAINE P., *Poèmes Saturniens*, Gallimard, coll. «Folio», 2018.

STUDI DI BENCHMARK

AGUETTANT L., *Verlaine, Les introuvables*, 1978, 240 p.

BERNARDET B. (a cura di), *Verlaine, première manière. Poèmes saturniens, Fêtes galantes, Romances sans paroles (1866-1874)*, PUF, coll. «Cned-PUF», 2007.

BORNECQUE J-H., *Les Poèmes Saturniens de Verlaine*, Nizet, 1967, 255 p.

DUBOIS C., *Étude sur Paul Verlaine: Poèmes saturniens*, Paris, Ellipses, 1998, 96 p.

GUYAUX A. (dir.), *Les premiers recueils de Verlaine. Poèmes saturniens, Fêtes galantes, Romances sans paroles*, Paris, PUPS, 2008, 217 p.

MURPHY S., *Lectures de Verlaine : poèmes saturniens, fêtes galantes, romances sans paroles,* Presses universitaires de Rennes, 2007, 314 p.

PRINCIPALI ADATTAMENTI MUSICALI

ABBIATE L., Chanson d'automne, *Pièces pour chant et piano n° 2,* Paris, 1899.

AMIET P., Nevermore, *Quattro melodie per canto e pianoforte,* Parigi, 1926.

ANDRÉ J., Chanson d'automne, *Mélodies et chansons n° 2,* Parigi, 1928.

ARHAM M., Chanson d'automne, *Douze mélodies, 3e série n° 5,* Paris, 1914.

BELLIARD M., Chanson d'automne, *Quatre mélodies n° 2,* Parigi, 1920.

BERNAERT A., Chanson d'automne, *op. 1 n° 1, 3 Mélodies n° 1,* Liegi, 1920.

BONNAUD F-L, *Paysages tristes,* Parigi, 1897.

BONNEAU P., Mai più, *SEMI,* Parigi, 1955

BORDES C., *Paysages tristes, n° 2,* Parigi, 1902.

BRITTEN B., Chanson d'automne, *Quatre chansons françaises No. 4,* Londra, 1982.

CARPENTER J-A., *Quattro poesie di Paul Verlaine, n. 2,* New York, 1912.

CHARPENTIER G., Chanson d'automne, *Poèmes chantés, n° 14,* Parigi, 1894.

DELIUS F., Canto d'autunno, *Fünf Gesänge, n. 5, Köln am Rhein,* 1915.

De FAY R., Chanson d'automne, *Mélodie n° 2,* Parigi, 1902.

FERRE L., Mon rêve familier, Soleils couchants e Chanson d'automne, 1970.

FRAGGI H., Chanson d'automne, *Poèmes en musique, n° 2,* Marsiglia, 1920.

LIMA FRAGOSO A., *Cinq mélodies de Paul Verlaine,* n° 3, Parigi 1917.

FRONTIN G-L., Chanson d'automne, *Sous les chênes verts,* n° 7, Parigi, 1912.

HAHN R., Chanson d'automne, *Chansons grises, n° 1*, Parigi, 1893.

DE HARTMANN, *Paysages tristes, n. 5*, Parigi, 1941.

JOSTEN W., *Trois mélodies de Paul Verlaine, n. 2*, Parigi, 1931.

KOVALEV P I., *Sei canzoni su poesie di Paul Verlaine, n. 3,* Mosca, 1925.

PANIZZAH, *Nove poesie di Paul Verlaine, n. 1*, Milano, 1899.

PASSANI E-B, *Trois poèmes de Verlaine, n°1*, Parigi, 1952.

Vogliamo sapere da voi!
Lasciate un commento sulla vostra biblioteca online
e condividete i vostri libri preferiti sui social media!

www.50minutes.com

Master ISBN: 9782808689809
ISBN cartaceo: 9782808611206
Deposito legale: D/2023/12603/1400

Copertura: © Primento

Concezione digitale a cura di Primento, il partner digitale degli editori.